Wordpress für Anfänger

Hrsg. Gordon Kronzucker

Inhaltsverzeichnis

Herstellung und Verlag: BoD - Books on Demand, Norderstedt
ISBN 978-3-7386-0481-8

1. Einstieg in WordPress

Herzlich willkommen zur ersten Lektion unseres Crashkurses zum Veröffentlichen mit Wordpress. In diesem Buch sind verschiedene Lektionen enthalten. Darin erlernen Sie die Einzelheiten zur Verwendung von Wordpress, damit Sie problemlos Ihren eigenen Online-Inhalt veröffentlichen können.

In dieser ersten Lektion sprechen wir ein wenig über Wordpress:
was verstehen wir darunter, wie funktioniert es und wie können Sie es zur Veröffentlichung Ihres eigenen Online-Inhalts benutzen.

WordPress ist ein leistungsstarkes Content Management System (System zur Verwaltung von Inhalten), das von Millionen von Leuten in der ganzen Welt verwendet wird. Es erleichtert ganz erheblich die Veröffentlichung von Online-Inhalten auch für Leute, die hierin noch Neulinge sind.

Verwenden Sie Wordpress zur Veröffentlichung Ihres eigenen Inhalts, müssen Sie sich seiner nahezu unbegrenzten Möglichkeiten bewusst sein. Sie können Ihren Vorstellungen freien Lauf lassen und somit die Webseite Ihrer Träume aufbauen.

Egal, ob Sie die Veröffentlichung eines persönlichen Blogs oder den Aufbau Ihrer Geschäfts-Webseite planen - es gibt eine große Vielzahl an Motiven, Widgets (Graphikobjekte) und Plug-Ins, die Ihnen bei der Verwirklichung Ihres Plans helfen.

Wordpress wird dadurch zu einer der vielseitigsten Veröffentlichungs-Plattformen, die heute online zur Verfügung stehen. Ganz zu schweigen von ihrer Benutzungsfreundlichkeit, die es auch einem absoluten Neuling ermöglicht, Inhalte schnell aufzusetzen und zu veröffentlichen.

In dieser Lektion besprechen wir einige der wesentlichen Vorteile im Zusammenhang mit der Verwendung von WordPress:

Wie schon gesagt, handelt es sich um ein benutzerfreundliches, vollkommen funktionsfähiges Content Management System. Das beste daran ist, dass seine Benutzung weder besondere Fähigkeiten noch technisches Wissen erfordert. Sie können alle Grundlagen tatsächlich in ein paar Stunden lernen und Ihre Webseite noch am gleichen Tag er- und einstellen.

Es ist wirklich so einfach. Sollten Sie aber tatsächlich Schwierigkeiten bekommen, stehen Ihnen zahlreiche kostenlose Leitfäden und Videoanleitungen zur Verfügung, die Ihnen schnell weiterhelfen.

Eine der besten Aspekte bei der Verwendung von WordPress ist die Möglichkeit, das Aussehen und die Optik Ihrer Webseite beliebig zu ändern.

Da Ihnen tausende von kostenlosen WordPress-Motiven und eine Vielzahl zu erwerbender erstklassiger Motiven zur Verfügung stehen, können Sie – wenn Sie möchten - das Design Ihrer Seite wöchentlich ändern, ohne einen Ihrer

Inhalte zu verlieren! Aber die Flexibilität und Funktionalität reichen sogar noch weiter!

Sobald Sie mit der Benutzung von WordPress beginnen, haben Sie Zugriff auf eine leistungsstarke Auswahl von WordPress Plug-Ins, so dass Sie Ihrer Webseite mit Ein-Klick-Installationen ausgefeilte und interaktive Funktionen zufügen können. Im Plug-In-Verzeichnis finden Sie hunderte von Plug-Ins zu Ihrer Verwendung, um Ihre Webseite noch benutzerfreundlicher und ansprechender für Ihre Besucher zu gestalten.

Die Plug-Ins ermöglichen Ihnen noch viele andere tolle Sachen, z.B.: die Einrichtung eines Artikelverzeichnis-Blogs, eines gefragten Portals, einer Mitgliedsseite oder sogar eines voll funktionsfähigen Online-Handels. Viele kostenlose Plug-ins stehen Ihnen im Verzeichnis Ihres Wordpress- Dashboards zur Verfügung. Außerdem finden Sie dort noch viele spezielle Plug-Ins, die Sie kaufen können.

Bei der Auswahl der Motive oder Plug-Ins für Ihre Webseite gibt es wirklich keinen Mangel an zur Verfügung stehenden Optionen. Es ist aber wichtig, vorsichtig zu sein und Ihre Motive und Plug-Ins von seriösen Quellen zu beziehen. Einige skrupellose Designer versuchen nämlich vielleicht, schädliche Skripte und Codes für ihre eigenen unlauteren Zwecke einzubinden.

Das sollte Sie aber nicht davon abhalten, alle Vorteile aus dem Angebot von Wordpress zu nutzen. Es ist nicht schwierig, sichere Motive und Plug-Ins zu finden. Sobald Sie das Verzeichnis nach Motiven und Plug-ins durchsuchen, werden Sie auf ein einfaches Bewertungssystem stoßen, in dem Sie vor Ihrer Auswahl Bewertungen und Kommentare lesen können.

Fällt es Ihnen schwer zu entscheiden, welche Motive/Plug-Ins seriös nicht und welche nicht, suchen Sie nach Empfehlungen angesehener Quellen wie TechCrunch, Smashing Magazine oder von erfahrenen Designern. Es schadet nie, auch ein bisschen "herumzuschnüffeln"!

HINWEIS:

Wenn Sie auf eine seriöse Webseite stoßen, die WordPress verwendet, können Sie noch ein bisschen weiter suchen und herausfinden, welches Motiv darin benutzt wird. Meistens finden Sie hierzu am Seitenende einen Link.

Vor Abschluß dieser ersten Lektion möchte ich Sie noch auf ein weiteres Merkmal aufmerksam machen, das die Verwendung von WordPress zu einer guten Entscheidung macht. Dank WordPress können Sie ganz einfach mit Ihren Empfängern, Kunden oder potentiellen Kunden interagieren. Das führt nicht nur zu einer Loyalität unter Ihren Lesern, sondern erhöht auch Ihre Online-Glaubwürdigkeit. Diese Echtzeit-Interaktion ermöglicht Ihnen den Aufbau einer echten Verbindung zu Ihren Besuchern. Außerdem wird die Wertigkeit Ihrer Webseite erhöht und verschafft Ihnen ein Online-Einkommen. Und das ist doch immer eine gute Sache!

Das war die erste Lektion. In den nächsten Lektionen müssen wir ein großes Pensum bewältigen, um die

Benutzung von WordPress zu lernen und Ihren eigenen Online-Inhalt zu veröffentlichen.

Wir werden klären, wie Sie Wordpress am einfachsten installieren können und Zugriff zu Ihrem WP-Adminbereich bekommen, damit Sie mit der Einrichtung Ihrer neuen Webseite beginnen können!

2. Einstieg in WordPress

Jetzt wird es Zeit für Ihre zweite Crashkurs-Lektion im Veröffentlichen mit Wordpress. Hoffentlich fanden Sie die erste Lektion informativ und haben einen Eindruck gewonnen, wie einfach die Benutzung von WordPress zur Veröffentlichung Ihres eigenen Online-Inhalts ist.

In dieser Lektion werden wir klären, wie Sie Wordpress am einfachsten installieren können und Zugriff zu Ihrem WP-Adminbereich bekommen, damit Sie mit der Einrichtung Ihrer neuen Webseite beginnen können!

Besprechen wir zuerst die Installation von WordPress. Bevor es WordPress gab, war viel Arbeit einschließlich Programmierungen zur Erstellung einer 1-seitigen Webseite erforderlich. Jetzt aber können Sie Ihre vollkommen funktionstüchtige und gut aussehende Webseite in ein paar Stunden aufbauen.

Ich nehme an, dass Sie angesichts dieses Kurses schon über ein Web-Hosting Account verfügen. Wenn nicht, ist das auch nicht weiter schlimm - es dauert nicht lang, ein solches Konto zu bekommen. Meine erste Empfehlung hierzu ist Host Gator, aber es gibt viele andere verfügbare Optionen, die Sie schnell über eine Online-Suche finden können.

Für die Installation von WordPress müssen Sie sich zuerst in Ihren Web-Hosting-Account einloggen. Hierfür gehen Sie auf:

"www.your-domain-name.com/cpanel" und geben den Benutzernamen und das Passwort ein, das Sie beim Anmelden Ihres Hosting-Accounts erhalten haben.

Im nächsten Schritt klicken Sie auf das Fantastico De Luxe-Icon, das meistens als ein kleines blaues Smiley-Gesicht leicht zu erkennen ist.

Im Blog-Menü klicken Sie jetzt auf das Wort "WordPress" und wählen "Neue Installation ("new installation"). Sie gelangen auf eine Seite, auf der Sie nach einigen Einzelheiten gefragt werden, nämlich:

- In welcher Domäne möchten Sie WordPress installieren?

Sollten Sie mehrere Domänen auf dem gleichen Account haben, werden diese alle aufgelistet. Klicken Sie einfach in das Aufklappmenu (drop-down menu) und wählen Sie die Domäne aus, mit der Sie arbeiten.

- In welchem Verzeichnis möchten Sie WordPress installieren?

Wenn Sie WordPress in Ihrem Hauptverzeichnis installieren möchten, lassen Sie dieses Kästchen einfach leer. Sie können Wordpress aber auch in einem Unterverzeichnis installieren wie z.B.: Blog, Mitglieder (members), Teilnehmer (subscriber) etc. Sie brauchen dieses Unterverzeichnis nicht selbst anzulegen - WordPress erledigt das für Sie.

- Welchen Log-In-Informationen (Admin Zugangsdaten) möchten Sie verwenden?

Mit dieser Information loggen Sie sich in Ihrem WordPress-Dashboard ein. Diese Information sollte sich am besten von Ihrer Cpanel-Log-In-Information unterscheiden.

- Welchen Admin-Spitznamen möchten Sie benutzen?

Das ist der Name, der in all Ihren Beiträgen erscheint. Sie können Ihren eigenen Namen als Verfasser verwenden oder einen Spitznamen auswählen, z.B.: admin, support staff, CEO etc.

- Wie lautet Ihre Email-Adresse?

Alle Ihre Benachrichtigungen werden von Ihrem WordPress-Blog an diese Email-Adresse geschickt. Es ist wichtig eine Adresse zu wählen, deren Mails Sie regelmäßig lesen. Machen Sie sich keine Sorgen - sie ist nicht für alle auf Ihrer Webseite sichtbar.

- Name Ihrer Webseite.

Es ist einfach nur der Name Ihrer Webseite wie z.B. "Jimmys Fischgrill". Er wird im Kopf Ihres neuen Blogs angezeigt.

- Beschreibung.

In dieser Kurzbeschreibung/Slogan wird der Inhalt Ihrer Webseite angegeben. Sie erscheint unter dem Namen Ihrer Webseite.

Nachdem Sie jetzt alle grundlegenden Informationen importiert haben, klicken

Sie nur noch auf "Installation Wordpress" ("install WordPress"). Die Installation ist damit abgeschlossen.

WordPress sendet Ihnen per Mail eine Kopie Ihrer Installation. Bitte bewahren Sie diese zusammen mit Ihren gesamten Log-In Informationen an einem sicheren Ort auf für den Fall, dass Sie diese später nochmals brauchen.

- Sprechen wir als nächstes über den Zugang zu Ihrem WordPress-Dashboard.

Gut gemacht! Sie haben WordPress vollständig auf Ihrer Webseite installiert. Jetzt loggen Sie sich bitte in Ihr Dashboard ein und beginnen mit der Erstellung Ihrer Webseite.

Wenn Sie WordPress in Ihrem Hauptverzeichnis installiert haben, gehen Sie einfach zu: www.yourdomain.com/wp-admin. Geben Sie hier Ihren Admin- Benutzernamen und das Passwort ein, wie Sie es zum Einloggen in Ihrem Dashboard eingerichtet haben.

Haben Sie Wordpress aber in einem anderen Verzeichnis installiert, gehen Sie zu: www.yourdomain.com/directoryname/wp-admin.

Nun können Sie mit der Erstellung Ihrer neuen WordPress-Webseite beginnen. Alles, was Sie zum Verändern von Aussehen und Optik Ihrer Seite wissen müssen, finden Sie in Ihrem WordPress- Adminbereich. Sie können auch Ihren Inhalt posten, Ihre Motive ändern und Plug-Ins hinzufügen, um Ihre Webseite noch funktionstüchtiger zu machen.

Das war die Lektion 2. In der nächsten Lektion besprechen wir das Ändern Ihres Wordpress Motivs und das Hinzufügen von Plug-Ins. Ihre Webseite wird also toll aussehen und Sie können damit effektiv arbeiten!

3. Motive und Plug Ins

In Ihrer letzten Lektion haben wir erklärt, wie Sie Wordpress am einfachsten installieren können und Zugriff zu Ihrem WP-Adminbereich bekommen, damit Sie mit der Einrichtung Ihrer neuen Webseite beginnen können!

Heute besprechen wir, wie Sie mit WordPress-Motiven umgehen und Plug-Ins hinzufügen können, damit Ihre Webseite gut aussieht und Sie effektiv damit arbeiten können!

Wie in Ihrer vorherigen Lektion gelernt, stellt WordPress ein so vielseitiges Inhaltverwaltungssystem dar, weil - unter anderem - Aussehen, Haptik und Funktionalität Ihrer Webseite unglaublich einfach geändert werden können.

Zuerst befassen wir uns mit dem Hinzufügen eines neuen Motivs und seiner anschließenden Aktivierung innerhalb Ihres WordPress-Dashboards. Dies kann über zwei Wege erreicht werden:

- Sie können entweder ein Motiv, das Sie auf Ihrem Rechner haben, Hochladen

- oder Sie installieren ein Motiv direkt innerhalb Ihres WordPress-Admin.

Sobald Sie sich in Ihr Dashboard eingeloggt haben, klicken Sie auf "Motive" ("Themes) unter Punkt "Aussehen" ("Appearance") in Ihrer Seitenleiste. Eine neue Seite mit zwei Tabs "Verwaltung von Motiven" ("Manage Themes") und "Installation von Motiven" ("Install Themes") wird geöffnet". Unter dem Tab "Installation von Motiven" ("Install Themes") können Sie entweder ein Motiv von Ihrem Rechner hochladen oder die Motivsuche-Funktion verwenden.

Natürlich ist die Benutzung der Suche-Funktion einfacher, besonders wenn Sie gerade erst mit der Verwendung von Wordpress begonnen haben. Sollten Sie aber unbedingt ein besonderes oder erstklassiges Motiv wünschen, ist die Installation genauso einfach wie das Hochladen einer Zip-Datei.

Nach Auswahl und Installation eines Motivs klicken Sie bitte auf den Tab "Verwaltung von Motiven ("Manage Themes"). Es erscheint eine Liste mit allen verfügbaren Motiven, die Sie installiert haben. Sie können sich das Motiv entweder vorab anzeigen lassen oder direkt aktivieren. Nach Installation des Motivs können Sie damit arbeiten.

Oben auf der Seite "Installation von Motiven "("Install Themes") werden meist Optionen aufgelistet, z.B.: Graphikobjekte ("Widgets") | Menüs ("Menus")| Hintergrund ("Background") |Kopftext ("Header") |optionale Motive ("Theme Options"). Diese Verbindungen erleichtern Ihnen die individuelle Aufmachung Ihres neuen Motivs.

Hierbei stehen Ihnen - je nach gewähltem Motiv - verschiedene Optionen zur Verfügung. Zu den üblichsten, veränderbaren Merkmalen gehören:

- Erscheinung der Kopfzeile oder Logo.
- Menü-Tabs.
- Farbzusammensetzung des Motivs.
- Text oder Schriftfarbe.
- Fußzeile.
- Seitenleisten und Graphikobjekte ("widgets").

Wenn Sie zu einem neuen Motiv überwechseln, müssen noch einige andere Punkte beachtet werden, besonders wenn Ihrer Webseite bereits viel Inhalt hinzugefügt wurde.

- Bei der Auswahl des neuen Motivs suchen Sie nach einem Motiv mit guten Beurteilungen und Bewertungen. Liegen keine guten Beurteilungen und Bewertungen vor, sollten Sie das entsprechende Motiv nicht verwenden.

- Vor der Installation eines neuen Motivs sollten Sie Ihre Dateien sichern, damit nichts verloren geht, wenn bei der Installation etwas schief laufen sollte.

- Nicht alle Plug-Ins funktionieren mit jedem Motiv.

- Sie sollten Ihr neues Motiv in mehr als nur einem Browser testen, um sicher zu sein, dass es gut aussieht und einwandfrei funktioniert.

Die Installation von Plug-Ins und Graphikobjekten ("widgets") verläuft prinzipiell genauso. Die Graphikobjekte finden Sie auf Ihrer Seitenleiste unter "Aussehen" ("Appearance").

Da die Plug-Ins wirklich hervorragend sind, haben sie ihren eigenen Menü-Tab. Hier finden Sie folgende Links:

- Installierte Plug-Ins
- Hinzufügung neuer Plug-Ins
- Editor.

Analog zum Motiv-Tab können Sie Ihre bestehenden Plug-Ins verwalten und neue installieren, indem Sie diese entweder im Plug-In-Verzeichnis suchen oder von Ihrem Rechner Hochladen.

In der nächsten Lektion sprechen wir noch weiter über die Benutzung von Plug-Ins, um Ihre Webseite noch funktionstüchtiger zu machen. In diesem Zusammenhang nenne ich Ihnen dann auch einige der besten kostenlosen Plug-Ins, die Sie verwenden können.

4. kostenlose WordPress Plug Ins

Heute sprechen wir noch weiter über die Benutzung von Plug-Ins, um die Funktionalität Ihrer Webseite noch zu verbessern. Außerdem beschäftigen wir uns mit einigen der besten kostenlosen Plug-Ins, die Sie verwenden können.

Wie bereits gesagt, können die Plugs-Ins von WordPress das Aussehen und die Leistung Ihrer Webseite erheblich steigern. Mit Hilfe der Plug-Ins können Sie Ihrer Webseite nahezu jedes gewünschte Aussehen verleihen.

In Ihrer letzten Lektion haben wir uns kurz mit der Installation und Aktivierung von Plug-Ins befasst - das wollen wir nochmals kurz wiederholen:

- Zuerst loggen Sie sich bitte in Ihren WordPress-Adminbereich ein.

- Wählen Sie "Neu hinzufügen" ("Add New") aus dem Seitenleisten-Menu unter "Plug-Ins".

Hier haben Sie nun die Wahl, entweder ein Plugin, das Sie auf Ihrem Rechner haben, Hochzuladen oder über das WordPress Plug-In-Verzeichnis zu suchen. Nach Installation Ihres ausgewählten Plug-In gehen Sie bitte zurück zur Seitenleiste und wählen Sie "Installierte Plug-Ins" ("Installed Plugins") zur Aktivierung Ihres neuen Plug-In.

Hinsichtlich der Verwaltung Ihres neuen Plug-In ist zu berücksichtigen, dass nicht alle auf die gleiche Art erstellt werden. Sie werden feststellen, dass einige von ihnen ein Menu-Tab auf Ihrer Seitenleiste einrichten, über den Sie Daten eingeben und Ihr Plug-In gemäß Ihren Anforderungen verändern können. Andere Plug-Ins hingegen benötigen überhaupt keine Veränderung. Bestehen Ihrerseits Zweifel, können Sie Hilfe von der Plug-In-Webseite bekommen. Diesen Link finden Sie beim Plug-In auf der Seite "Installierte Plug-Ins" ("Installed Plugins").

Nun wollen wir uns mit einigen der besten und kostenlosen Plugs-Ins befassen, die Sie für Ihre Webseite benutzen können. Es handelt sich hierbei ausschließlich um Plug-Ins, die ich selbst getestet und verwendet habe.

- All In One SEO Pack

Dies ist ein unglaublich wertvoller und kostenloser Plug-In. Er erstellt automatisch suchmaschinenfreundliche Eintragsseiten einschließlich Meta-Tags. Sie können auch im Vorhinein Meta-Titel oder Meta-Tags für Ihre gesamteWebseite einrichten.

- Google XML Sitemaps

Dieses Plug-In erstellt eine besondere XML Sitemap, die Suchmaschinen wie Google, Yahoo, Bing and Ask.com unterstützt, um Ihre Webseite besser zu indizieren.

- Sociable

Dieses praktische Plug-In fügt Ihren favorisierten sozialen Bookmarking- Seiten automatisch Links zu Ihren Beiträgen,

Seiten und RSS-Feeds zu, so dass Ihre Leser Ihre Einträge schnell und einfach mit anderen Leuten teilen können.

- Akismet

Dieses Plug-In taucht üblicherweise vorinstalliert auf und ist wahrscheinlich das beste Plug-In hinsichtlich Spam- Schutz. Es ist das beliebteste und effektivste.

- Contact Form 7

Dieses leistungsstarke Plug-In kann verschiedene Kontaktformulare verwalten. Außerdem können Sie das Formular mit einem einfachen Mark- Up Ihrem Bedarf entsprechend verändern. Es unterstützt die Ajax-Datenübertragung, CAPTCHA, den Akismet Spamfilter etc.

- Feedburner FeedSmith

Es handelt sich hierbei um einen der besten RSS-Feed Verwalter und kümmert sich um Ihre RSS-Feeds ohne Programmierung.

- Global Translator

Dieses Plug-In übersetzt Ihren Blog automatisch in 48 verschiedene Sprachen, so dass Sie weltweit Leute erreichen können.

- NextGEN Gallery

Hierbei handelt es sich um einen voll integrierten Bildergalerie Plug-In für WordPress mit einer Diashow-Option.

- SEO Friendly Images

Dieses Wordpress SEO-Plug-In aktualisiert all Ihre Bilder automatisch mit geeigneten ALT- und TITLE Attributen zur Optimierung der Suchmaschinen SEO = search engine optimization). Verfügen Ihre Bilder nicht über die Attribute ALT und TITLE, werden diese gemäß der von Ihnen gewählten Optionen hinzugefügt.

- WP Super Cache

Dieser Plug-In erstellt statische Html Dateien aus Ihrem dynamischen WordPress- Blog, die Ihr Webserver dann anstelle der massiveren WordPress PHP-Skripte bedienen wird.

- Google Analytics

Diesen WordPress Plug-In müssen Sie unbedingt haben! Mit ihm können Sie Ihre Webseite problemlos von Ihrem Google-Account aus verfolgen.

- Add Link to Facebook

Er fügt automatisch Links zu Beiträgen oder Seiten hinzu, die auf Ihrer Facebook-Pinnwand, -seite oder in den -gruppen veröffentlicht werden. Er bedarf nur einer einmaligen, ganz einfachen Einrichtung.

- BuddyPress

Dies ist ein weiterer leistungsstarker Plug-In. Benutzer können sich hierüber auf Ihrer Seite registrieren, Profile erstellen, Mitteilungen hinterlassen, Verbindungen herstellen, Gruppen aufbauen und mit ihnen interagieren - und noch viel mehr. Ein soziales "Network in a Box", er ermöglicht Ihnen in der Tat den Aufbau eines sozialen Netzwerks.

Dies sind nur einige der WordPress Plug-Ins, die meines Erachtens nützlich sind. Die Auswahl von Plug-Ins für Ihre Webseite hängt ganz von Ihrem persönlichen Geschmack und Ihren Vorlieben ab. Da Sie aus tausenden verfügbaren Plug-Ins wählen können, ist es wichtig, dass Sie Ihr Wissen nutzen und die Bewertungen berücksichtigen. Denken Sie daran, dass die Deaktivierung eines Plug-Ins genauso einfach ist wie seine Aktivierung. Also probieren Sie einfach so viele Plug-Ins aus, wie Sie möchten.

In Ihrer letzten Lektion werden noch tolle Themen besprochen, nämlich die Pflege Ihrer neuen Wordpress Website und das Geld verdienen mit ihr.

5. Pflege und Einkommensmöglichkeiten

In dieser Lektion geht es um die Pflege Ihrer WordPress Webseite und wie Sie mit ihr Geld verdienen können. Fangen wir zunächst mit der Pflege an.

Nachdem Sie so viel Zeit und Anstrengungen in den Aufbau Ihrer Webseite mit WordPress investiert haben, ist es wichtig, sich die Zeit für ihre regelmäßige Pflege zu nehmen. Die meisten der in diesem Kurs besprochenen Systeme benötigen keine Überwachung oder Aktualisierung, aber hierzu gibt es doch einige Ausnahmen.

Es ist ratsam, Ihr WordPress-Dashboard dahingehend zu prüfen, ob Plug-Ins aktualisiert werden müssen. Stellen Sie bitte auch sicher, dass Sie die aktuelle Version von WordPress verwenden. Normalerweise erhalten Sie am Ende der Seite eine Mitteilung, wenn WordPress aktualisiert werden muss.

Eine entsprechende Information bekommen Sie zu Ihren Plug-Ins unter dem Plug-In auf der Seite "Installierte Plug-Ins" ("Installed Plugins"). Klicken Sie einfach auf "Aktualisieren" "Update") und schon ist es erledigt. Das ist wirklich alles, was zur Pflege Ihrer Webseite erforderlich ist. Ich habe keinen Witz gemacht, als ich Ihnen sagte, dass das Veröffentlichen mit WordPress kinderleicht ist.

Lassen Sie uns jetzt noch über die Möglichkeit sprechen, mit Ihrer neuen Webseite Geld zu verdienen, wenn Sie dies möchten. Wie bei allem, was mit Wordpress zu tun hat, sind auch hier die Möglichkeiten nahezu grenzenlos, und Sie können auf ganz einfache Weise mit Ihrer Webseite Geld verdienen.

Sie sind sicherlich nicht überrascht zu hören, dass es eine Vielzahl an Plug-Ins und Graphikobjekten gibt, die Sie benutzen können. Mit einer Online-Suche werden Sie zahlreiche praktische Gizmos finden, mit denen Sie Werbung aufbauen, Produkte verkaufen, für Partnerprogramme werben etc... können.

Schauen wir uns einige davon an:

- Verkaufswerbung

Eine Möglichkeit besteht im Verkauf von Werbebannern und -flächen.

Werbebanner erscheinen immer wieder auf Webseiten und werden nach einem CPM-Modell (Kosten pro Tausend) bezahlt; d.h: jedes Mal, das die Werbung einem Besucher gezeigt wird, wird ein bestimmter Betrag gezahlt.

Eine andere Option ist die Verwendung von Google AdSense-Textblockwerbungen. Sicherlich haben Sie diese Art von Werbung schon gesehen. Sie wird üblicherweise mit Ihrem Inhalt in einer für den Besucher weniger aufdringlichen Art eingeblendet und nach dem CPC-Modell (Kosten per Klick) bezahlt, d.h.: Sie werden für jeden Klick auf diese Werbung bezahlt.

Google AdSense eignet sich bestens für Inhalte mit viel Text. Die Werbungen sollten neben dem Textinhalt stehen, um sicherzustellen, dass Ihre Leser sie lesen und vielleicht auf eine für sie interessante Werbung klicken. Zur Erhöhung Ihrer Klickrate und Ihres Einkommens können Sie Infolinks-bezogene Tags einsetzen.

Beide Methoden funktionieren bestens auf mehrseitigen Webseiten mit viel Textinhalt.

- Verkauf von Produkten

Auch mit dem Verkauf von Produkten können mit Ihrer neuen WordPress- Webseite viel Geld verdienen. Sie können Ihre eigenen Produkte verkaufen, für die Produkte anderer Leute werben oder beides machen - ganz wie Sie möchten.

Dies können Sie ganz schnell erreichen, wenn Sie eine Firma wie ClickBank oder Amazon benutzen, um Produkte zu finden, für die Sie gern werben möchten. Mit beiden können Sie die spezifischen Artikel auswählen, die Sie verkaufen wollen. Beide versorgen Sie mit vielen Tools, die Ihrer WordPress Webseite schnell und einfach zugefügt werden können. Sobald einer Ihrer Besucher einen Kauf tätigt, erhalten Sie eine Provision.

Sie können auch integrierte Partnerlinks verwenden. Wenn Sie schon einmal auf einer Webseite einen Link innerhalb des Textes des Artikels gefunden haben, handelt es sich meistens um einen Link zu einem Produkt oder einer Webseite. Das versteht man unter einem integrierten Partnerlink.

Viele Dienstleister, z.B. slimlinks.com stehen zu Ihrer Verfügung, die automatisch Partnerlinks in den Inhalt Ihrer Webseite einfügen. Diese werden meistens - basierend auf dem Inhalt Ihres Eintrags oder gemäß von Ihnen besonders ausgewählten Schlüsselworten erstellt.

- Angebot einer entgeltlichen Dienstleistung

Das Angebot von Dienstleistungen über Ihre WordPress-Webseite ist eine weitere tolle Möglichkeit.

Dieses kann mittels einer Mitgliedschaft-Seite - hier zahlen Leute Ihnen für ihre Teilnahme eine monatliche Gebühr - oder als Freelancer erfolgen. In diesem letzteren Fall wird Ihnen von den Leuten jeder erledigte Job bezahlt.

Wir haben in diesem Kurs nur einige der üblichsten Methoden angesprochen. In Wirklichkeit gibt es viele Wege, um mit Ihrer WordPress- Webseite Geld zu verdienen. Dabei helfen Ihnen zahlreiche Plug-Ins und Graphikobjekte, um dies effektiv zu tun. Über eine schnelle Online-Suche werden Sie jede Menge Optionen finden.

Vor Beendigung dieser letzten Lektion möchte ich mit Ihnen noch einige Plug-Ins teilen, die ich zum Geldverdienen mit meiner WordPress-Webseite benutze.

- Ad Injection

Dieser Plug-In fügt eine Vielzahl verschiedener Werbungen in den bestehenden Inhalt Ihrer WordPress-Einträge und -seiten ein einschließlich Google AdSense, Amazon Associates, ClickBank, TradeDoubler, etc. Sie können die Anzahl der Werbungen über die Länge des Eintrags steuern und den

Zugang zur Werbung über das Alter, Besucher-Referrer und IP-Adresse beschränken.

- WP Affiliate Elite

Ein Super-Plug-In für Affiliate-Anbieter. Darüber können Ihre Partner-Links ganz einfach automatisch jeglichem Schlüsselwort bzw.-Satz in Ihren Einträgen und Seiten hinzugefügt werden.

- Ad Rotator

Dieser Plug-In eignet sich bestens für Leute, die die Werbefläche in ihren Blogs maximieren möchten. Die von Ihnen spezifizierten Werbungen werden automatisch gedreht, um auf eine bestimmten Fläche zu erscheinen.

- WordPress Simple Paypal Shopping Cart

Hiermit können Sie sowohl eine "In den Warenkorb legen"-Schaltfläche in jegliche Einträge oder Seiten einfügen und auch den Warenkorb/Einkaufswagen problemlos in jedem Eintrag, auf jeder Seite oder Seitenleiste anzeigen.

So kann der Benutzer sehen, was sich gerade in seinem Warenkorb bzw. Einkaufswagen befindet und auch Artikel daraus wieder entfernen. Es ist ganz einfach mittels dem Plug-In "NextGen Photo Gallery" zu integrieren, über den wir auch in der vorherigen Lektion gesprochen hatten.

Zum Abschluss dieser letzten Lektion möchte ich mich nochmals für Ihre n Kauf dieses Buches bedanken. Ich hoffe, dass Sie viel zum schnellen und einfachen Veröffentlichen Ihres eigenen Online-Inhalts mittels WordPress gelernt haben!

Rechtshinweis

Der Verleger hat sich bemüht, dieses Buch möglichst genau und vollständig zusammenzustellen. Aufgrund des sich schnell ändernden Internets kann er jedoch trotzdem nicht jederzeit garantieren, dass der Buchinhalt noch ganz genau zutrifft.

Der Verleger haftet weder für Verluste noch Schäden jeglicher Art, die der Käufer durch die direkte oder indirekte Verwendung der in diesem Buch vermittelten Informationen erleiden könnte.

Dieses Buch soll nicht als Ratgeber zu rechtlichen, geschäftlichen, buchhalterischen oder finanziellen Fragen dienen. Allen Kursteilnehmern wird empfohlen, für solche Fragen die Dienstleistungen kompetenter Fachleute in Anspruch zu nehmen.

Es wird kein Einkommen garantiert. Der Käufer übernimmt die Verantwortung für die Verwendung der im Buch übermittelten Informationen.

Der Autor behält sich das Recht vor, Änderungen ohne vorherige Benachrichtigung vorzunehmen. Der Verleger übernimmt keine Verantwortung oder Haftung im Auftrag der Käufer dieses Buches.

Wordpress für Anfänger

2014 – Gordon Kronzucker (Hrsg.)